Inhalt

Humankapitalmanagement - Instrumentarien zur Bewertung von Personalrisiken

Kernthesen

Beitrag

Fallbeispiele

Weiterführende Literatur

Impressum

Humankapitalmanagement - Instrumentarien zur Bewertung von Personalrisiken

I.Lukmann

Kernthesen

- Das Humankapital gewinnt in Unternehmen zunehmend an Bedeutung. Dabei stellt das Personalrisiko eine zentrale Risikokategorie im Rahmen des Risikomanagements eines Unternehmens dar. Dies ist sowohl im strategischen als auch im operativen Sinne von verstärkter Bedeutung.
- Im Humankapitalmanagement werden nach wie vor in vielen Unternehmen sehr

hohe Risiken eingegangen. Dies liegt darin begründet, dass nicht viele Unternehmen systematisch Risiken in Personalbereich einschätzen und unternehmensspezifische Schwerpunkte nicht in allen Unternehmen konsequent gesetzt werden.
- Unternehmen sollten sich dem Thema Personalrisikomanagement verstärkt widmen. Dies vor allem vor dem Hintergrund von Basel II. Um das Management von Personalrisiken in ein umfassendes Human Resource Management zu integrieren sollten dabei zunächst die Risiken des Unternehmens identifiziert und analysiert werden.

Beitrag

Das Humankapital ist für Unternehmen ein strategischer Erfolgsfaktor. Dabei hat das Humanpotential für Unternehmen neben Chancen auch Risiken. Im Gegensatz zu anderen Risiken wie Kreditrisiken, die sich über spezielle Methoden steuern lassen, ist die Steuerung von Personalrisiken noch nicht in vielen Unternehmen zu einem wichtigen Thema avanciert. Negative Entwicklungen im Humankapitalmanagement können jedoch durch entsprechende Instrumentarien entscheidend beeinflusst werden.

Im Rahmen der Diskussion um die Umsetzung von Basel II Richtlinien gewinnt der Personalbereich zunehmend an Bedeutung. Erfolg und Qualität des Personalmanagements müssen nachgewiesen und transparent kommuniziert werden. Daher werden die Auslegungen der Baseler Eigenkapitalvorschriften im Zusammenhang mit den Personalbereichen der Unternehmen als Risikofeld und Teil eines umfassenden Risikomanagementsystems derzeit in Unternehmen verstärkt diskutiert. Personalkosten und Personalrisiken sollten jedoch auch im Zusammenhang mit Wertschöpfungspotential und Erfolgspotential verbunden werden. Insbesondere das intellektuelle Kapital ist eines der stärksten Wertschöpfungsfaktoren über die ein Unternehmen verfügt. Allerdings ist dieser Faktor schwer messbar. Dies zeigt sich auch darin, dass Humankapital in Bilanzen selten feststellbar ist. Das Personalcontrolling kann daher für eine Quantifizierung des Humankapitals sorgen und auf diese Weise einen "Return on Investment" erkennbar machen.

Sowohl das Personalmanagement als auch die Berichterstattung zu HR-Themen im Unternehmen sind eine Herausforderung. In beiden Fällen kann eine Humankapitalbewertung unterstützend wirken.

Mit Hilfe der Humankapitalbewertung kann man einerseits die Veränderungen des Humankapitals im Unternehmen aufzeigen und entsprechende Empfehlungen aufzeigen. In den nächsten Jahren werden im Rahmen des Personalrisikomanagements Themen wie zum Beispiel Research und Recruiting, Weiterbildung und -entwicklung, Remotivation und Mitarbeiterbindung an Bedeutung gewinnen. Personalbereiche haben die Aufgabe, zukunftsweisend auf Chancen und Risiken gestaltend einzuwirken. (1), (2), (4), (7)

Früherkennungssysteme zur Regulierung von Personalrisiken

Im operationellen Bereich wird im Zusammenhang von Basel II von der "Gefahr von direkten oder indirekten Verlusten, die infolge der Unangemessenheit oder des Versagens von internen Prozessen, Menschen, Systemen oder durch externe Ereignisse eintreten" als Personalrisiken gesprochen. Bei der Anwendung des Personalrisikomanagements ergeben sich jedoch einige Schwierigkeiten, da diese Risikokategorie kaum über statistische und finanzmathematische Modelle verfügt, um fundierte Konzepte zur Steuerung des Personalrisikos zu entwickeln.

Im Allgemeinen zielen die bisherigen Regulierungsregelungen daher vor allem auf Früherkennungssysteme ab. In diesem Zusammenhang müssen von der Führungsebene eines Unternehmens Maßnahmen definiert werden, die frühzeitig die Auswirkungen von etwaigen Risiken steuerbar machen. Zu den möglichen Risikofeldern werden auch die so genannten qualitativen bzw. weichen Risiken wie Personalrisiken hinzugezählt. Dies trägt der Tatsache Rechnung, dass viele Probleme in Unternehmen beispielsweise mit Fehlleistungen von Mitarbeitern begründet werden können.

Im Zusammenhang mit der Entwicklung von Indikatoren zur Messung von Personalrisiken eignen sich finanzielle Messgrößen weniger, da diese in der Regel vergangenheitsbezogen sind und so eine Früherkennung von künftigen riskanten Entwicklungen im Personalbereich nur bedingt ermöglichen. Im Rahmen von Basel II sind für Banken Anforderungen zur Quantifizierung von Personalrisiken in dieser Hinsicht verstärkt worden: Neben der Bewertung von Markt- und Kreditrisiken sind Banken dazu verpflichtet auch die operationellen Risiken mit Eigenkapitalwerten zu benennen. Im Sinne eines Ursache-Wirkungs-Prinzips kann aus messbaren Indikatoren zur Kundenorientierung oder finanziellen Ergebnisse Ableitungen zu möglichen Personalrisiken getroffen werden. Dies zeigt, wie weiche Risikofelder wie das Personalrisiko den Erfolg eines Unternehmens entscheidend mitbegründen kann: Denn aus diesen Kriterien können Aussagen über die künftige Performance des Unternehmens abgeleitet werden. (5), (7)

Modell zur Früherkennung von Personalrisiken

Humankapitalmanagement heißt in erster Linie, Personalrisiken zu identifizieren und messbar zu machen. Anschließend müssen Maßnahmen definiert werden, mit deren Hilfe die identifizierten Risikofelder gesteuert werden können. In den Fällen, in denen Kennzahlen schwierig zu definieren sind, muss das Personalmanagement auf Erfolgsmaßstäbe zurückgreifen. Dabei helfen vor allem strategische Dimensionen wie zum Beispiel Wertschöpfung, Führungsqualität im Unternehmen oder Kulturentwicklung. Das Personalcontrolling kann so mit Hilfe von Mitarbeiterergebnissen und klassischen quantitativen Kennzahlen einen Beitrag zur Früherkennung von Personalrisiken leisten.

Im Folgenden werden exemplarisch einige

Risikofelder benannt, die im Rahmen von Humankapitalmanagement sinnvoll zur Früherkennung von Risiken und Chancen herangezogen werden können.

-Anpassungsrisiko: Mitarbeiter können sich beispielsweise einem unumgänglichen Wandel im Unternehmen nicht anpassen. In diesen Fällen gilt es, Hilfestellungen beispielsweise durch Umqualifizierungen zu bieten.
-Engpassrisiko: Der Personalbereich hat es versäumt den Nachwuchs intern zu entwickeln oder nach Außen hin als attraktiver Arbeitgeber für Leistungsträger interessant zu sein. Dies ist vor allem bei einem knappen Arbeitsmarkt an Fachkräften jedoch notwendig.
-Motivationsrisiko: Mitarbeiter, deren Commitment zum Unternehmen sich beispielsweise durch Überarbeitung verringert hat, werden zu einem zunehmend wichtigen Risikofaktor. Unternehmen müssen verstärkt dafür Sorge tragen, dass qualifizierte Mitarbeiter eine entsprechende innerliche Motivation und Freude an ihrer Arbeit verfügen.
-Austrittsrisiko: Ein bedeutsames Risiko ist der Weggang von Mitarbeitern. Dies gilt vor allem für Mitarbeiter, die Schlüsselfunktionen im Unternehmen besetzen. Dieses Risiko kann mit entsprechenden Bindungsprogrammen thematisiert werden. (2), (5),

(6), (7)

Fallbeispiele

Die Sparkasse Kronach-Ludwigsstadt hat im Rahmen der Basel II Anforderungen im Kalenderjahr 2003 die Einführung eines Risiko- und Treasurymanagements umgesetzt. In diesem Zusammenhang ist auch das Messbarmachen von Personalrisiken sowie operationellen Risiken analysiert worden. Die Untersuchung der Personalrisiken wurde mit Hilfe eines Personal-Audit umgesetzt. Dabei sind vier wesentliche Personalrisiken in kritischen Bereichen des Unternehmens analysiert worden. Diese Risikofaktoren haben in der Vergangenheit auch bei anderen Bankinstituten zu erhöhten operationellen Risiken beigetragen. Die relevanten Bereiche wurden zu den ausgewählten Kriterien systemisch befragt. Dabei ging es um die Motivation von Mitarbeitern, um die Form und Umsetzung der Qualifizierung von Mitarbeitern der Sparkasse, um die quantitative Ausstattung des Personals in Bezug zu den Anforderungen der jeweiligen Funktion sowie letztlich um das Austrittsrisiko von Leistungsträgern und wichtigen Mitarbeitern des Unternehmens. Das

Ergebnis der Untersuchung war eine detaillierte Schwachstellenanalyse zu den genannten vier Personalrisikofaktoren sowie daraus abgeleiteten Handlungsempfehlungen zum künftigen Humankapitalmanagement der Sparkasse Kronach-Ludwigsstadt. (3)

Weiterführende Literatur

(1) Die Dax-30-Unternehmen und ihr Humankapital
aus Frankfurter Allgemeine Zeitung, 15.09.2008, Nr. 216, S. 18

(2) Personalrisiken Teil eines ganzheitlichen Risikomanagements Auf Dauer geht kein Weg an einem Personalrisikomanagement vorbei
aus Betriebswirtschaftliche Blätter, Febuar 2006, Nr. 02, S. 78

(3) Konsequente Umsetzung aufsichtsrechtlicher Anforderungen Personal-Audit deckt Gefahren im Mitarbeiterbereich auf
aus Betriebswirtschaftliche Blätter, September 2004, Nr. 09, S. 463

(4) Die fünf Kernkompetenzen des Human Resources Management
aus Die Bank, Heft 11/2002, S. 780-783

(5) Personalrisiken als Erfolgsfaktor

aus SCHWEIZER BANK vom September 2002 Seite 52

(6) Personalrisiken - eine neue Dimension im Human-Resources-Management
aus Sparkasse, Juni 2002, Nr. 06, S. 280

(7) 3. Fachtagung für Personalwirtschaft der Deutschen Sparkassenakademie in Bingen Effektives Personal-Controlling - Das Personalwesen als wertschöpfender Firmenbereich
aus Die SparkassenZeitung, 02.11.2001, Nr. 43, S. 13

Impressum

Humankapitalmanagement - Instrumentarien zur Bewertung von Personalrisiken

Bibliografische Information der deutschen Nationalbibliothek

Die Deutsche Nationalbibliothek verzeichnet diese Publikation in der deutschen Nationalbibliografie; detaillierte bibliografische Daten sind im Internet über http://dnb.d-nb.de abrufbar.

ISBN: 978-3-7379-0213-7

© 2015 GBI-Genios Deutsche Wirtschaftsdatenbank GmbH, Freischützstraße 96, 81927 München, www.genios.de

Alle Rechte vorbehalten. Dieses Werk ist einschließlich aller seiner Teile – z.B. Texte, Tabellen und Grafiken - urheberrechtlich geschützt. Jede Verwertung außerhalb der Grenzen des Urheberrechtsgesetzes bedarf der vorherigen Zustimmung des Verlags. Dies gilt insbesondere auch für auszugsweise Nachdrucke, fotomechanische

Vervielfältigungen (Fotokopie/Mikroskopie), Übersetzungen, Auswertungen durch Datenbanken oder ähnliche Einrichtungen und die Einspeicherung und Verarbeitung in elektronischen Systemen.